AF494244

VENTE

du Lundi 13 Décembre 1909

HOTEL DROUOT — SALLE N° 11

A 2 HEURES

Anciennes Faïences de Perse

ARMES ET ARMURES

Précieux Manuscrits avec Miniatures

OBJETS DE CURIOSITÉ

BEAUX TAPIS, BRODERIES, ÉTOFFES

DES XVIe, XVIIe ET XVIIIe SIÈCLES

Me André DESVOUGES
COMMISSAIRE-PRISEUR
26, Rue de la Grange-Batelière

M. Arthur BLOCHE
EXPERT PRÈS LA COUR D'APPEL
21, Boulevard Haussmann

EXPOSITION PUBLIQUE :

Le Dimanche 12 Décembre 1909, de 2 heures a 5 heures ½

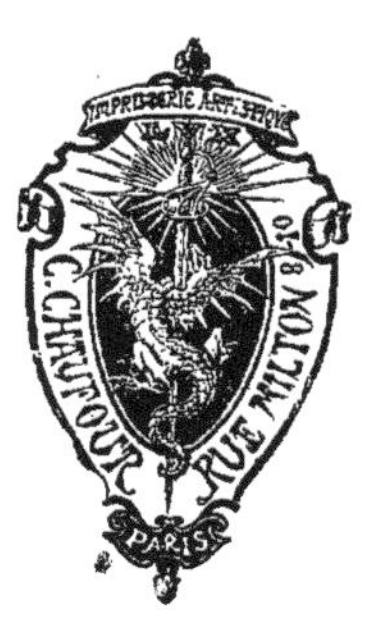
C. CHAUFOUR
RUE MILTON 8.10
PARIS

CATALOGUE

DES

Anciennes Faïences de Perse

décors à reflets métalliques, en polychrome et en bleu

ARMES ET ARMURES

GRAVÉES ET DAMASQUINÉES

Précieux Manuscrits avec Miniatures

LAQUES, CUIVRES, ACIERS, BIJOUX

BEAUX TAPIS DE PRIÈRE

en Velours brodé et en Soie

BROCARTS - BRODERIES - SOIERIES BROCHÉES - COSTUMES

TRÈS BEAUX TAPIS DE PERSE

des XVIe, XVIIe et XVIIIe Siècles

VENTE

HOTEL DROUOT — SALLE N° 11

Le Lundi 13 Décembre 1909

A DEUX HEURES

Me ANDRÉ DESVOUGES
COMMISSAIRE-PRISEUR
26, Rue de la Grange-Batelière

M. ARTHUR BLOCHE
EXPERT PRÈS LA COUR D'APPEL
21, Boulevard Haussmann

CHEZ LESQUELS SE DISTRIBUE LE PRÉSENT CATALOGUE

EXPOSITION PUBLIQUE

Le Dimanche 12 Décembre 1909, de 2 heures à 5 heures 1/2

CONDITIONS DE LA VENTE

La vente sera faite expressément au comptant.

Les acquéreurs paieront 10 o/o en sus des enchères.

L'exposition mettant le public à même de se rendre compte de l'état des objets, il ne sera admis aucune réclamation une fois l'adjudication prononcée.

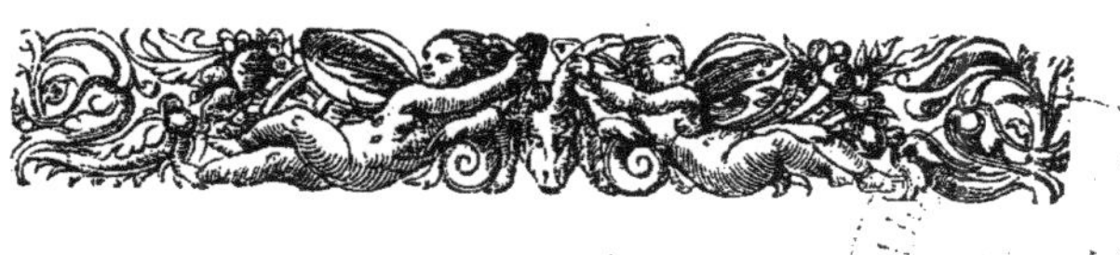

DÉSIGNATION

ANCIENNES FAIENCES
DE PERSE

1 — Bol, décor extérieur fond bleu et intérieur fond blanc à reflets métalliques. XVIe siècle.

2 — Plat, décor extérieur fond bleu et intérieur fond blanc à reflets métalliques. XVIe siècle.

3 — Petit bol, fond blanc, décor extérieur et intérieur à reflets métalliques. XVIe siècle.

4 — Plat décoré extérieurement et intérieurement à reflets métalliques. XVIe siècle.

5 — Potiche, décor à fleurs et arbustes en bleu sur fond crême. XVIe siècle.

6 — Deux vases, décor en bleu et marron sur fond crême. XVIe siècle.

7 — Potiche, décor tacheté et à rosaces en bleu sur fond crême. XVIe siècle.

8 — Vase octogonal fond vert en faïence et verseuse en porcelaine à décor de fleurs en polychrome.

9 — Grande potiche à décor treillagé en bleu sur fond crême..

10 — Vase fond blanc, décor à médaillons de fleurs en polychrome.

11 — Vase, fond crême, décor à losanges en bleu. XVIe siècle.

12 — Vase, décor à ornements en bleu. XVIe siècle.

13 — Vase, décor par bandes en bleu sur blanc.

14 — Vase, décor à paysage en bleu.

15 — Deux vases, décor à maisonnettes en bleu.

16 — Jardinière, fond bleu turquoise, décor à ornements et inscriptions en noir.

17 — Petit vase, fond vert, décor en noir.

18 — Compotier, décor à rosaces en polychrome à l'intérieur comme à l'extérieur.

19 — Bol fond blanc, décoré bleu et marron.

20 — Bol couvert, à épices, fond marron avec réserve fond blanc avec compartiments à l'intérieur.

21 — Plat, décor central à rosace, bordure quadrillée en bleu et vert.

22 — Plat, décoré de feuillage en bleu sur blanc, bordure à ornements.

23 — Plat, décor à semis de fleurettes.

24 — Plat, décor à rinceaux, bordure quadrillée.

25 — Plat, décor à médaillons géométriques en bleu.

26 — Plat, fond bleu turquoise, décor à rosaces.

27 — Deux compotiers fond vert, décor en noir.

28 — Compotier, fond bleu turquoise, décor gravé sous couverte et en relief.

29 — Bélier porte-flambeau, fond vert, à décor noir.

30 — Aiguière, fond vert, décor à ornements.

31 — Aiguière fond vert.

32 — Aiguière fond crème, décor vert et brun.

33 — Vase à anses à décor gravé.

34 — Vase à panse renflée, à décor bleu.

35 — Vase, fond jaune, décor polychrome à volatile et fleurs.

36 — Deux vases à anses, décor à ornements.

37 — Plat, fond bleu, décor à reflets métalliques (provenant de fouilles).

38 — Bol, décor à personnages à reflets métalliques (provenant de fouilles).

39 — Bol, décor à inscriptions à reflets métalliques (provenant de fouilles).

40 — Bol, décor par bandes à reflets métalliques (provenant de fouilles)

41 — Aiguière et vase, décors bleu et vert (provenant de fouilles).

42 — Grande plaque de revêtement, décor à caractères arabes en relief à reflets métalliques et tacheté de bleu, XVe siècle.

43 — Plaque de revêtement, décor analogue. XVe siècle.

44 — Plaque de revêtement décor analogue. XVe siècle.

45 — Carreau de revêtement, décor à caractères arabes en relief et tacheté de bleu, XVe siècle.

46 — Plaque tombale, fond bleu turquoise offrant en gravure une porte de mosquee avec caractères arabes. XVIe siècle.

47 — Cinq carreaux, à décors polychromes.

48 — Carreau et fragment à reflets métalliques. XVIe siècle.

ARMES

49 — Belle armure, composée d'un casque, à nasal mobile et à couvre-nuque en mailles, un bouclier à quatre boutons et un brassard à bordure ajourée en acier raboté gravé et incrusté d'or, représentant des scènes de chasse à nombreux personnages et animaux et des inscriptions. Dans des enveloppes en cuir rouge. XVIe siècle.

50 — Sabre à lame courbe, fourreau et poignée en os sculpté à personnages. Travail de l'Extrême-Orient.

51 — Sabre analogue.

52 — Poignard à lame courbe et à arête saillante en acier damasquiné et gravé à animaux près du talon, poignée en os sculpté à personnages et inscriptions.

53 — Hache en acier gravé et incrusté d'or à inscriptions, hampe en bois avec ornements en argent.

54 — Hache en acier damasquiné et gravé à fleurettes.

55 — Couteau lame en acier damasquiné et incrusté d'or près du talon, manche en os.

56 — Couteau lame acier incrusté d'or, manche en acier.

57 — Corne à poudre en os, monture en fer incrusté d'or.

58 — Corne à poudre en argent niellé et os.

59 — Cotte de maille cloutée, col en velours bleu XVIe siècle.

60 — Jambière en bois.

CUIVRES, ACIERS, FERS

61 — Aiguière en cuivre gravée à caractères persans.

62 — Cruche gravée à animaux et rinceaux feuillagés sur cuivre.

63 — Deux vases couverts en fer gravé à feuillage et ornés d'incrustations d'or.

64 — Coupe en acier gravé offrant tout autour dans des réserves, des personnages et inscriptions.

65 — Coupe décor à inscriptions et fleurs.

66 — Bol décor gravé représentant des arbustes fleuris et rosaces.

67 — Aiguière à panses aplaties, décor gravé à animaux avec cuvette à bord dentelé et plaque ajourée.

68 — Couvercle en cuivre gravé, parties ajourées, décor gravé représentant des personnages et animaux fantastiques.

69 — Porte-flambeau en cuivre jaune gravé à inscriptions persanes et fleurettes.

70 — Fourneau de narghilé en bois et cuivre émaillé, fond bleu à réserves fond blanc, d'insectes et guirlandes de fleurs.

71 — Vase avec couvercle en cuivre jaune gravé à personnages sous des arcades.

72 — Fouet ancien.

73 — Mouchette en acier.

74-75 — Dix pièces : cadenas, clefs, etc. (Seront divisés).

76 — Plat en acier incrusté d'or et gravé à fleurettes et inscription persane.

76 *bis* — Deux vases en bronze gravé et ajouré.

LAQUES

77 — Porte-miroir à décor dit mosaïque et en relief.

78 — Cadre de miroir à décor dit mosaïque.

79 — Coffret à décor dit mosaïque.

80 — Miroir, décor très fin à fleurs et feuillages, contenant à l'intérieur une miniature représentant La Femme adultère. Signée.

81 — Miroir, décor intérieur et extérieur, à volatiles dans des branchages fleuris.

82 — Miroir à décor représentant des oiseaux perchés sur des branchages fleuris, en polychrome.

83 — Reliure représentant sur une face le Schah de Perse et ses courtisans assistant à une danse ; et sur l'autre, les mêmes personnages attablés.

84 — Écritoire, décor à scènes intimes de la vie persane, avec inscriptions.

85 — Ecritoire, décor à volatiles dans des branchages fleuris.

86 — Jeu de vingt-et-une cartes.

87 — Jeu de vingt cartes en ivoire peint, décor à personnages.

88 — Petit miroir à décor dit mosaïque.

89 — Boîte à décor dit mosaïque et miroir bois sculpté.

90 — Étui, décor à volatiles et fleurs.

9 — Deux cadres, décor dit mosaïque.

MANUSCRITS

92 — Manuscrit des fables dites : Kelibe-Damané, contenant soixante-douze miniatures, reliure en laque à décor d'animaux.

93 — Manuscrit, Chahname, Ferdoussi : Histoire des rois de Perse, contenant vingt-trois miniatures.

94 — Manuscrit : Khamseï Nizami, contenant quatre miniatures.

95 — Manuscrit : Mesnevi, contenant cinq miniatures et cinq frontispices.

96 — Manuscrit : Poésies de Leyli Medjnoun, contenant huit miniatures.

97 — Manuscrit : Évangile en langue arménienne, contenant quatre miniatures.

98 — Manuscrit : Évangile en langue arménienne, contenant quatre miniatures.

99 — Miniature à deux faces.

100 — Deux cartons travaillés à l'ongle.

OBJETS DIVERS

101 — Porte-cartes en filigrane d'argent, parties émaillées.

102 — Deux bases de bougeoirs en cuivre émaillé.

103 — Reliure contenant une collection de timbres persans.

104 — Quatre plaques en cuivre peint, représentant sur les deux faces des scènes de la vie du Christ.

105 — Glace de poche, encadrement orné de turquoises.

106 — Lot de monnaies anciennes. (Seront divisées).

107 — Plaque de corsage en métal ajouré avec trois pièces de monnaie.

108 — Lot de turquoises.

109 — Dix pierres gravées.

110 — Broche forme paon, manche d'ombrelle, deux talismans, dix boutons et un ornement orné de turquoises. (Seront divisés).

111 — Deux boucles d'oreilles, neuf bagues en argent, deux médailles et trois bagues en argent (seront divisés).

112 — Deux vide-poches et un bougeoir en cuivre orné de turquoises, parties émaillées.

113 — Fourneau de narghilé orné de turquoises.

BRODERIES

114 — Tapis de prière en velours fond rouge, brodé d'or et d'argent, présentant une entrée de mosquée avec vase de fleurs, mains et inscription arabe; bordure à fleurs sur argent.

115 — Tapis de table en broderie diagonale, dite gilet persan ; bordure à franges.

116 — Portière en ancien brocart d'or d'Ispahan, dessin à porte de mosquée avec pomme de pin et paons, et offrant en haut une dédicace au Schah de Perse Mouzafar-ed-Din.

117 — Deux tapis chemins en drap rouge brodé de soie, décor à médaillons, fleurs et inscriptions. (Seront divisés).

118 — Tapis de table en broderie fond rouge, dite cachemire.

119 — Dessus de guéridon et de deux coussins en drap rouge et noir, brodé à rosaces.

120 — Tapis de prière en mosaïque de draps multicolores.

121 — Dessus de guéridon carré, en broderie dite cachemire, sur fond blanc.

122 — Dix panneaux de dimensions différentes à décors variés en toile imprimée de Perse. (Seront divisés.)

123 — Deux portières en toile imprimée, décor central à pomme de pin, encadrements en velours rouge.

124 — Deux tuniques en toile imprimée, doublées de soie.

125 — Manteau en velours frappé, décor à fleurs en polychrome.

126 — Jupe soie mauve, décor à fleurs en fils d'argent.

126 *bis* — Tapis de table en velours rouge.

127 — Panneau fond tissé d'or, décor par bandes à fleurs et feuillages.

128 — Petit tapis fond rouge, décor à rosace.

129 — Dessus de guéridon en soie fond blanc brodée à fleurs, bordure en soie rouge brodée.

130 — Pantalon en broderie tissée d'or sur fond rouge, dessin à fleurettes.

131 — Petit tapis en broderie dite gilet persan.

132 — Dessus de guéridon en broderie dite cachemire sur fond bleu.

133 — Vêtement de femme, fond tissé d'or, décor à fleurettes.

134 — Châle en soie, fond jaune, dessin à bandes.

135 — Tapis rond en soie bleue brodée à paillettes.

136 — Tapis en drap rouge brodé de fils de soie.

137 — Bandeau en soie bleue tissée, dessin à pommes de pin.

138 — Tapis en velours rouge, dessin central à rosace, fleurs et bandes.

139 — Petit tapis en velours, décor analogue.

140 — Panneau en soie chaudron brodée d'or et de soie à fleurs et fruits.

141 — Panneau carré en soie blanche brodée de fils métalliques à fleurs et bande en broderie à volatiles et fleurs.

142 — Petit tapis fond tissé d'or, décor à fleurs en velours et en relief, bordures multiples, et trois morceaux en broderie.

143 — Trois petits panneaux en broderie tissée d'or.

144 — Quatre petits panneaux en broderie.

145 — Panneau en broderie, fond chaudron, à fleurs.

146 — Tapis carré en soie mauve brodée de fils métalliques et de soie.

147 — Panneau en soie bleue tissée à fleurettes.

148 — Vêtement en lin, empiècement en broderie.

149 — Six mouchoirs en broderie de soie blanche.

150 — Six mouchoirs en broderie de soie blanche.

151 — Deux napperons en broderie de soie blanche.

152 — Trois serviettes brodées de fils de soie blanche, décor à caractères.

153 — Deux chemins de tables en broderie de soie blanche.

154 — Trois chemins de tables analogues.

155 — Seize serviettes à thé analogues.

156 — Trois panneaux, décor à carrés de broderie de soie blanche.

157 — Quatre paires de pantoufles et babouches en cuir et broderie. (Seront divisées.)

158 — Pochette en broderie de soie et carré en broderie de fils métalliques et de soie.

159 — Trois pièces : pochettes et porte-peignes en broderie d'or et d'argent.

160 — Coffret en velours rouge brodé de perles multicolores et de paillettes.

161 — Deux pochettes et un porte-peigne en broderie d'or et de perles fines. (Seront divisés).

162 — Vêtement en soie bleu tissée d'or, décor à paons.

TAPIS ANCIENS DE PERSE

163 — Tapis de Tabriz, fond rouge, dessin dit Moustofi, avec large bordure.

164 — Tapis de prière de Tabriz, fond rouge. décor à médaillon.

165 — Tapis-chemin de Karabaghe, fond bleu, dessin dit Chah Abas.

166 — Tapis-chemin, fond chamois à dessin polychrome.

167 — Tapis de Béchir, fond rouge à dessin velouté.

168 — Tapis du Kurdistan, fond bleu, dessin dit Chah Abas.

169 — Tapis du Khorassan, fond bleu à dessin varié.

170 — Tapis-chemin de Ferahan, fond bleu, décor à ornements.

171 — Tapis-chemin de Bidjar, fond rose, dessin Hadji Mina Khane.

172 — Tapis du Kurdistan, fond bleu à dessin velouté.

173 — Tapis de Khorassan, fond bleu, dessin varié.

174 — Tapis à double face, dessin à médaillon central.

175 — Tapis à double face, dessin à médaillon.

176 — Tapis de prière de Sineh, fond bleu, décor à ornements.

177 — Tapis de prière de Saroukhe, fond bleu, dessin à arbustes, rosace et feuillages.

178 — Tapis de soie de prière à dessin multicolore.

179 — Tapis de soie de prière, dessin à médaillon et angles.

180 — Tapis de Gabistan, fond rose, dessin à palmettes.

181 — Tapis de Ferahan, fond vert, décor à ornements.

182 — Tapis de Ferahan, fond bleu à dessin polychrome.

183 — Tapis de Serabend, fond bleu, dessin à palmettes.

184 — Tapis-chemin fond bleu, dessin à palmes.

185 — Tapis de prière de Sineh, fond blanc, dessin à palmes.

186 — Tapis de prière de Sineh, fond bleu, à ornements.

187 — Tapis-chemin du Kurdistan à dessin varié.

188 à 192 — Cinq tapis de dimensions différentes à dessins variés.

193 — Objets omis.

www.ingramcontent.com/pod-product-compliance
Ingram Content Group UK Ltd.
Pitfield, Milton Keynes, MK11 3LW, UK
UKHW020524180726
13839UKWH00005B/2283